AU
RETOUR D'EMS

DÉDIÉ AUX OUVRIERS PAR UN DES LEURS ;

PAR

AUGUSTE DEMORGNY,

Ouvrier décorateur sur porcelaine.

Prix : 10 Centimes.

PARIS.

CHEZ JEANNE,
Passage Choiseul, n° 68.

CHEZ Mme VAILLANT,
Passage Jouffroy, n° 18.

1849

AU
RETOUR D'EMS.

Complétement étranger à la vie politique avant la révolution de février 1848, je n'avais pu que déplorer les terribles effets de la corruption morale et matérielle du gouvernement de juillet.

Au reste, cette corruption appliquée au gouvernement venait d'un homme dont l'élévation au trône n'était due qu'au mépris des lois les plus saintes de l'humanité, de la famille, et de l'intérêt national tel qu'il aurait dû être compris. Mais on avait égaré l'esprit des masses, et grandement exagéré la portée des fameuses ordonnances, que les lois depuis juillet 1830 et depuis février 1848 ont énormément dépassé.

Sous un pareil gouvernement, que pouvait faire un humble ouvrier? Attendre....., tout en arrachant à un dur labeur son existence de chaque jour, que la main de Dieu et des hommes s'appesantît sur le coupable et vînt renverser cette oppression organisée qui avait fait du matérialisme le digne levier d'une puissance assise sur d'aussi funestes bases.

Février arriva. J'applaudis de grand cœur à la chute d'un pouvoir dont l'existence était la consécration de toutes les immoralités. Mais, je dois l'avouer, quoique enfant du peuple, quoique appelant de toutes les forces de mon âme, les améliorations qui devaient être le premier devoir d'un nouveau gouvernement, je ne pus me défendre d'une impression douloureuse, indéfinissable, en entendant proclamer LA RÉPUBLIQUE. Etait-ce frayeur instinctive, impressions de jeunesse, qui me faisaient redouter un *mot* s'alliant pour moi aux souvenirs affreux évoqués par nos parens, spectateurs et souvent victimes des terribles événemens que j'avais appris à maudire?... Je ne saurais l'affirmer.

Républicain par esprit, par éducation, par position sociale enfin, démocrate par l'ardent désir que j'éprouvais

de voir s'améliorer la condition si lamentable de mes frères en privations, en misères, la voix me manquait pour
saluer l'avènement d'une ère, qui s'annonçait si riche des
trésors que je convoitais !...

Explique qui voudra ces contradictions, pour moi elles étaient des pressentimens.

En effet, dès les premiers pas de la jeune République,
des hommes se disant républicains par excellence, la
frappèrent d'impuissance. Il fallait fonder une République sans précédens : ils fouillèrent la boue des révolu-
tions, pour en tirer les sales oripeaux de 1793. Il fallait
assurer à tous les citoyens indistinctement la jouissance
des biens acquis; ils crièrent : *à bas les riches*. Il fallait
rassurer la confiance, ébranlée par la dernière crise ; le
commerce, depuis longtemps aux abois sous le dernier
règne ; l'industrie, frappée au cœur par toutes les con-
séquences qui découlent naturellement de toute commo-
tion violente : que firent-ils ? Rien ! ! !

Pis que rien, car, au lieu de sages et progressives améliorations produisant pour nous, ouvriers, qui en avions
tant besoin, un résultat immédiat, ils abusèrent de notre
cœur, hélas ! si facile à tromper ! Ils nous offrirent, comme une panacée devant guérir tous nos maux, de perfides utopies, lesquelles remettant aux *calendes grecques*
les bienfaits qu'on nous présentait comme très-prochains,
donnèrent à ces bons apôtres un faux-air d'amis de l'humanité, qui ne pouvait manquer d'en imposer à notre
bonhomie et à notre crédulité....

C'est là une confession humiliante , mais je la fais en
toute sincérité.

Hélas ! pour réhabiliter aux yeux et au cœur des in-
différens ou des craintifs, la République de février, il eût
fallu des *républicains*, c'est-à-dire des êtres doués de cette
abnégation qui s'efface devant toute considération de
personnes , d'un amour de la charité puisé à l'école du
Christ ; de cette foi qui met sa gloire à produire les bonnes et grandes choses, et place sa récompense dans le
cœur ! Au lieu de vrais républicains , nous n'avions que
des hommes avec toutes leurs ambitions , leurs défauts ,
leurs actes déplorables.

Alors, chacun se vantait de républicanisme. Il y eut
les républicains de *l'avant-veille* , les républicains *de la
veille*, les républicains *du lendemain* ; voire même les républicains *de naissance*. Les discours des énergumènes de
clubs, les promenades de 200,000 hommes faisaient peser

sur les consciences une sorte de terreur morale, et chacun de s'affubler d'une bonne qualification qui pût donner le change sur ses antécédens comme sur ses projets.

Quel amour pour la République pouvait donc jaillir de cette pression ? Pour un mode de gouvernement qui a essentiellement besoin d'honnêteté, de vertus, c'était d'un bien triste augure.

Parmi les causes de rapide désaffection il ne faut pas oublier les fameuses circulaires du citoyen Ledru-Rollin, et les non moins fameux commissaires extraordinaires chargés d'aller dans tous les départemens faire de la *République obligée*.

On peut juger par les énormes bévues des gouvernans d'alors combien était peu profonde leur conviction républicaine. Ils avaient passé la plus grande partie de leur vie à rêver le premier rang, la réalité leur était tombée trop à l'improviste pour que leurs yeux ne fussent pas éblouis par le soleil de la vie gouvernementale.

Toutes ces théories qu'ils s'étaient plûs à forger s'écroulèrent sous la pratique. Ils furent perdus lorsqu'il fallut des faits, non des phrases, et que se produisirent les effets dont ils étaient les causes.

Mais le pouvoir a tant d'attraits, surtout pour les médiocrités, que, sentant sans l'avouer, leur peu de valeur, et craignant, eux, républicains de la veille, de n'être plus les puissans du lendemain, ils résolurent de *républicaniser* la France, non comme elle l'entendait, par des institutions, mais par des concessions irréfléchies ou par les menaces incessantes qu'ils tenaient, nouvelle épée de Damoclès, suspendues sur la tête de ceux qu'ils appelaient déjà *réactionnaires*.

C'est alors que fondit sur le pays un déluge de décrets de nos *Solons* éperdus ! Décrets se heurtant, se contredisant, se contrebalançant, et dont la majeure partie n'a pu résister à l'expérience.

Je suivais avec une anxiété toujours croissante le tohubohu gouvernemental qui menaçait de frapper de stérilité les vœux ardens que moi, enfant du peuple, j'avais formés pour le peuple. Je sentais se refroidir cette effervescence qui bouillait en moi avant février; et mes idées démocratiques de la veille allaient me fournir de funèbres regrets le lendemain.

Cependant, quel vaste champ était ouvert à l'épreuve du gouvernement. Les partis, s'ils n'étaient pas disparus, s'étaient en quelque sorte annihilés. Les *orléanistes* fuyaient, ainsi que des banqueroutiers frauduleux, les rayons de ce soleil de février qui les avaient *brûlés*. Quand aux *légitimistes*, joyeux de la représaille ménagée par la Providence, ils prêtaient, hommes de *principe*, leur concours au principe républicain dont ils soutenaient loyalement les débuts.

La partie était belle, elle était facile à gagner pour des hommes désireux de faire passer leur conviction dans les faits; mais cela ne fut pas! La République continua d'être... mais on n'eut pas de vrais républicains.

Ah! c'est qu'il est plus facile de fronder un gouvernement que de l'établir, et nos *Juvénal* modernes purent se convaincre que le fouet acéré de la satire qu'ils maniaient jadis leur convenait mieux que le pouvoir.

Tandis que des hommes usurpant le noble titre d'*ouvriers* allaient au cri : *A bas les riches!* tarir la source du travail jusque dans ses profondeurs les plus cachées, que faisait-on pour ceux qui ne vociféraient pas dans les rues, qui restaient au sein de leurs familles désolées, au milieu des angoisses de la misère et de la faim ?... Rien!... Ils attendaient en souffrant, mais ils attendaient...

On se rejetait sur la situation provisoire. On ajournait toutes les améliorations promises jusqu'à l'ouverture de l'Assemblée nationale.

Que signifie *provisoire*? Une chose établie pour parer aux exigences du moment. A-t-on été conséquent avec cette définition? Non... Il ne fallait pas leurrer les esprits par l'espoir d'un riant avenir et les laisser sans ressources dans le présent. Où est l'avenir sans le présent? Ce qu'il fallait faire, c'était de rassurer le *capital* qui donne le travail pour prix des garanties de sécurité qu'on lui offre, et non l'effrayer par toutes ces idées d'organisation ou d'association improvisées ; idées qui ont besoin, pour ne pas produire un effet diamétralement opposé à celui qu'on en attend, d'être présentées dans un moment opportun et avec la progression la plus modérée. Si l'on eût agi ainsi à cette époque, ouvriers et capitalistes eussent atteint sans souffrances l'ouverture de l'Assemblée nationale, et nous ne nous serions pas trouvés alors dans la cruelle position de naufragés qui, près du rivage sauveur, doutent que leurs forces épuisées leur permettent de l'atteindre.

Avec l'Assemblée nationale, composée d'élémens hétérogènes, il est vrai, mais résultant de la première application du suffrage universel, le peuple parut respirer. Une aurore de confiance et d'espoir semblait se lever pour la jeune République. L'ordre devenait la conséquence de cet état de choses, la République se fondait pacifiquement. Pour les honnêtes gens, pour nous ouvriers, qui n'aspirions qu'à vivre par le travail, c'était là un résultat heureux ; mais pour de certains individus de l'espèce des brouillons, il n'en pouvait être ainsi...

Il fallait d'ailleurs être conséquent avec les premières promesses, et consulter la nation sur la forme du gouvernement qu'elle voulait se donner, ainsi qu'on l'avait formellement et publiquement promis en proclamant provisoirement la République. Pour esquiver cette consécration on la fit *acclamer* le 4 mai ; mais évidemment ce ne fut là qu'une mise en scène sans importance, et qui, en tous cas, ne dispensait pas le pouvoir de l'accomplissement du devoir le plus sacré, celui de rendre hommage à la souveraineté du peuple au nom duquel on gouvernait.

Dans la matinée du 15 mai, une foule immense d'individus de toutes conditions, mais composée en grande partie d'honnêtes ouvriers dont de perfides meneurs avaient capté l'esprit en abusant lâchement des plus nobles sympathies, s'élançait au cri de : *Vive la Pologne !* vers l'Assemblée nationale. Là, au milieu des élus du peuple, des imposteurs démagogues venaient, tout en protestant de leur respect pour sa souveraineté, accomplir la plus odieuse violation que l'histoire ait jamais enregistrée.

On conviendra qu'il fallait une foi des plus robustes pour résister à de pareils assauts, à de si coupables excès. Ce qui restait pour ainsi dire des hommes de février périt dans cette affaire ; et si la croyance républicaine survécut, elle se réfugia tout entière dans son principe, en écartant énergiquement les hommes de violence qui avaient prétendu au monopole des sentimens républicains.

A dater de cette époque, je commençai à désespérer des institutions que j'avais rêvées. La République resta pour moi l'idéal du gouvernement d'un peuple, mais *l'idéal*. La pratique demande des républicains, et maintenant il n'y a plus que des hommes !...

De nouveaux et terribles événemens allaient hâter ma désillusion. Les auteurs de la tentative du 15 mai ne se tenaient pas pour battus ; ils comptaient sur une réserve qu'ils s'étaient ménagée dans les *ateliers nationaux*.

Les démolisseurs de février n'avaient trouvé dans leur génie que ces ateliers pour combler le vide fait à la portion de travail strictement nécessaire à l'existence de l'ouvrier !...

Nous leur demandions un travail honorable, ils décrétèrent les ateliers nationaux ; c'est-à-dire :

L'égalité devant le salaire, de la paresse et du labeur.

Le droit au salaire sans l'avoir gagné.

L'aumône dans sa hideuse et dégradante vérité.

La démoralisation de l'ouvrier par la vie indolente qu'on lui créait !

Ils avaient à organiser des hommes libres, honnêtes, laborieux ; ils ne surent en faire qu'un peuple de mendians !......

Etait-ce impuissance ou préméditation ? Les journées de juin devaient, par leur affreuse sanction, les accuser devant l'humanité en deuil, d'IMPUISSANCE et de PRÉMÉDITATION ! !.....

Un champ de bataille où, sous les balles françaises, ne tombèrent que des Français ; la guerre civile avec toutes ses horreurs, puis les conseils de guerre, les pontons : voilà quels furent les fruits de ces belles théories qui devaient, en régénérant l'homme, le prendre par la main pour le conduire au bonheur ! voilà quels furent les résultats obtenus par les hommes de février, après quatre mois d'exercice !... Que de sang, que de larmes, mais aussi quels enseignemens pour les travailleurs !

La société menacée s'était levée tout entière contre la démagogie. L'instinct de la conservation avait abaissé toutes les barrières ; les passions politiques, les opinions diverses avaient disparu pour faire place, en ce moment suprême, à l'accomplissement d'un même devoir : le salut de l'humanité ! La société fut victorieuse, mais il faut l'avouer, la défense fut *sociale* et non *politique*; la République fut sauvée par la défaite de ses enfans les plus dévoués.

Etrange revirement des choses de ce monde politique ! Ce qui avait causé la chute de la royauté légitime en 1830, avait été grandement dépassé par l'usurpation, et celle-ci voyait à son tour la triste victoire de juin produire, par la nécessité de la répression (nécessité amenée par l'excès des passions révolutionnaires), des décrets, des lois qui, en d'autres temps, eussent soulevé un cri de réprobation générale.

En vingt ans, la révolution exagerait d'une manière

inouïe les abus dont elle s'était érigée la réformatrice.
Avec le général Cavaignac, dont la conviction républicaine n'était pas douteuse, on put croire que la République honnête, modérée, passant dans les faits, arriverait progressivement à s'infiltrer dans les cœurs qui jusquelà n'avaient pas rencontré dans ses actes matière à conversion......... Une déception nous attendait encore, et la forme républicaine subissait la destinée fatale qui l'avait condamnée à périr sous les coups de ses défenseurs.

A ces mots du chef du pouvoir exécutif parlant de son père, le conventionnel Cavaignac : « Je suis fier d'être le fils d'un tel père ! » précédés d'un éloge de la Convention, d'exécrable mémoire, la France entière s'était émue. Elle s'était demandé si ces funèbres paroles étaient vraiment sorties de la bouche de celui qu'elle se plaisait à nommer son sauveur. Dans une anxieuse angoisse, elle cherchait à percer les voiles de l'avenir qui semblait s'obscurcir. Elle sentait dans son esprit et dans son cœur, vaciller les idées républicaines qu'elle cherchait de bonne foi à s'inspirer, lorsque d'autres protestations non moins imprudentes, tombées du haut de la tribune nationale : « Je sacrifierai tout à la République, tout, jusqu'à mon honneur ! » vinrent mettre le comble à son anxiété. Elle chercha, en commentant ces paroles, à deviner le sens caché de l'énigme que le sphinx révolutionnaire présentait à sa solution.

« Donner tout, jusqu'à son honneur ! » Mais c'était annoncer que l'on ne reculerait pas devant les barrières qui séparent l'honnête homme du scélérat ! C'était nous montrer un avenir gros d'échafauds et d'orages révolutionnaires, de ces orages qui enlèvent des générations, en laissant pour marque de leur passage une trace sanglante ; de ces orages qui ne laissent rien debout, qui engloutissent nobles et roturiers, riches et pauvres, institutions, gloires, traditions, et qui ne produisent que le chaos !

La France ne pouvait vouloir d'un tel avenir ; aussi, dès ce moment, abandonna-t-elle l'homme sur lequel elle avait laissé tomber, depuis le funeste mois de juin, un regard de confiance.

L'esprit d'un pays est comme l'esprit de Dieu ; aussitôt qu'il s'est retiré d'un homme ou d'un pouvoir, cet homme, ce pouvoir est perdu. Il en fut ainsi pour Cavaignac.

L'hydre révolutionnaire avait fait depuis quelques mois

une telle hécatombe de ses enfans, qu'on résolut d'opposer à la révolution un homme qui jusqu'alors avait semblé représenter un principe qui lui était opposé.

Dire que ce fût par sympathie que la nation se tourna vers cet homme serait un peu osé; comme protestation, serait plus juste; mais hâtons-nous d'ajouter que M. Louis-Napoléon sut montrer, dès son arrivée au pouvoir, qu'il n'était pas indigne d'un sentiment sympathique (1).

Six millions de voix portèrent donc le prince Louis-Napoléon à la présidence de la République, en dépit des efforts des révolutionnaires de toutes les couleurs, qui éprouvèrent en cette occasion la plus cruelle et la plus humiliante déconvenue.

Ils prétendaient alors que le pays était avec eux, avec autant de vérité qu'ils prétendent maintenant avoir le monopole des institutions larges, bienfaisantes et progressives, monopole qu'ils se sont bien gardé de mettre en pratique quand ils étaient au pouvoir.

La République venait, par l'installation de la présidence, de recevoir une application définitive. Aussi chacun s'apprêta-t-il à contrôler ses actes, afin d'asseoir sur les avantages et les imperfections de ce mode de gouvernement un jugement qui pût être profitable pour l'avenir.

Un besoin qui semble instinctif en France, le besoin de l'unité, avait fait préférer le mode présidentiel malgré ses nombreux et graves inconvéniens.

Je n'en citerai qu'un, et il est, à mon sens, des plus graves : c'est de dépouiller de tout prestige moral celui qui est appelé à devenir le premier magistrat de la République !

Voici comment : Dès les préludes de l'élection, les ambitieux s'éveillent. Ils se tiennent prêts à profiter de tout, fût-ce même des actions de la vie privée ; pour perdre leurs adversaires, ils remonteraient, si cela se pouvait, jusqu'avant leur naissance ! Et ces détracteurs de l'hérédité ne demandent pas mieux que d'imputer à certaines gens les fautes de leurs arrières parens.

Le combat s'engage donc entre les partis avec un tel acharnement qu'il n'y a pas d'infamies devant lesquelles

______

(1) J'assistai à cette époque au Congrès de la presse de droite, qui se tint rue Duphot, au sujet de l'élection présidentielle. Plusieurs orateurs, entre autres MM. de Genoude, Auguste Johanet, Bosviel, etc., appuyèrent la candidature de M. Louis-Napoléon, et certes la réussite de cette candidature dut être attribuée en grande partie aux légitimistes.

on recule, pas de calomnie qu'on n'essaie de répandre pour faire triompher son candidat.

En sorte que s'il fallait, après l'élection, compulser avec quelque foi tous les écrits qui ont attaqué ou défendu les uns et les autres, on resterait convaincu que le choix du premier fonctionnaire de la République devait tomber forcément sur un homme dont on ne voudrait pas pour remplir la plus mince mission, un homme dont on ne voudrait pas pour régir une maison ou pour en faire un chef d'atelier !

Que l'on ne croie pas que je veuille attaquer ici l'élection par le suffrage universel. Loin de là, pour moi le suffrage universel est l'arche sainte en politique ; y toucher me semblerait un sacrilége.

Mais n'est-il pas bien regrettable de voir flageller sans pitié, par des mains ennemies, celui qui peut devenir la personnification d'un principe gouvernemental.

C'est ainsi que de considérations en considérations, j'arriverai à cette conclusion que : la transmission du pouvoir par voie d'hérédité monarchique peut seule offrir les garanties d'amour, de respect et de dévouement qui sont indispensables à celui qui doit représenter dignement une grande nation.

M. Louis-Napoléon a donc dû, avant d'arriver à la présidence, se voir en butte aux attaques les plus malveillantes, attaques qui, certes, n'étaient pas faites pour diminuer les embarras de la position. Ces embarras n'étaient pas dûs seulement à la vive opposition que le président rencontra dans la Constituante, dont la majorité était dévouée à son concurrent, mais encore à un fait qui, dans toute autre époque, eût affermi sa position : je veux parler des six millions de suffrages qu'il obtint en dépit des intrigues gouvernementales qu'on fit jouer en faveur de son concurrent.

En effet, ces six millions de votes ne laissèrent pas que d'embarrasser celui qui en était l'objet. Il n'était pas difficile de deviner que c'était là une immense protestation contre les hommes de la révolution et leur fâcheuse gestion. Le suffrage universel, parlant haut et ferme, venait de désigner de sa puissante main la lacune que l'escamotage de *l'appel au peuple* avait laissée dans la vie de la République, lacune que lui seul pouvait combler.

Il résulta des tiraillemens qui s'établirent entre un président nommé malgré la Constituante et une Assemblée qui se plaisait à entraver son pouvoir exécutif ; à l'extérieur, une politique de *statu quo*, c'est-à-dire décolorée, inerte, indigne enfin de la France ; à l'intérieur, une absence totale de cette confiance qu'inspirent seuls les gouvernemens de majorités, et par conséquent une absence de confiance, de commerce et d'industrie. C'est dans ces circonstances que M. Louis Napoléon, entouré de ministres dont plusieurs nourrissaient des regrets et des espérances menaçantes, vint présider aux destinées d'un pays, sur les débris duquel s'acharnaient encore les passions dévastatrices.

Aucune solution, soit politique, soit sociale, ne pouvait surgir de tels élémens, et, malgré son bon vouloir, son courage, sa générosité, le président de la République fut condamné à errer infructueusement dans un dédale de misère et d'abaissement, dont la seule issue serait le retour aux vrais principes.

Quelle que soit son impuissance à rétablir l'ordre moral, on ne saurait, sans ingratitude, refuser à M. Louis-Napoléon un tribut de reconnaissance pour l'attitude vigoureuse et ferme qu'il a su prendre toutes les fois qu'il s'est agi du maintien de l'ordre matériel, menacé par les éternels ennemis du droit et de la légalité.

Aussi les vit-on ceux-ci, après comme avant le 10 décembre, se mettre en mesure d'apporter obstacle au retour d'une stabilité qui aurait pu produire des améliorations dont ils sont les propagateurs en théorie, mais qu'ils repoussent en fait, et pour cause.

Leurs nouvelles tentatives n'aboutirent qu'au *fiasco* du 13 juin, qui acheva de détruire dans les masses le peu de confiance qu'elles accordaient à des hommes dont le triomphe, s'il était possible, permettrait de réaliser tout le mal qu'ils sont réduits à rêver...

Enregistrons dans les annales de leurs fourvoiemens la ridicule tentative du 29 janvier, qu'ils purent renier, grâce à la rapidité et à l'ensemble avec lesquels elle fut déjouée.

Les élections de l'Assemblée législative vinrent, tout en leur donnant quelques montagnards de plus comme *fiche de consolation*, congédier d'une façon assez leste, la plus grande partie de leurs coryphées. Ceux-ci errent maintenant comme des ombres funèbres autour de ce temple, jadis témoin de leurs déconvenues, en attendant que de nouvelles élections leur prouvent une fois de plus que le pays les connait assez pour ne pas désirer les connaître davantage.

Les révolutionnaires ayant par leurs idées violentes, tué

le peu de sympathie qu'ils avaient inspiré à des malheureux égarés, dont la misère fut la première conseillère, continuèrent à marcher de défaite en défaite, jusqu'à ce que le 13 juin, de drolatique mémoire, vint leur donner *le coup de grâce*, en leur prouvant que, désabusé par une trop fatale expérience, ce peuple qu'ils avaient immolé à leur ambition l'année précédente avait trop de bon sens pour leur faire encore une fois la courte échelle.

Quoique j'eusse depuis longtemps le cœur navré par la perte des espérances que j'avais cru pouvoir fonder sur un gouvernement populaire, j'avais peine à croire que le dernier mot de la situation, concernant l'amélioration de notre sort, fût dit !... Mais tant de calamités vinrent porter atteinte à ce qui me restait de foi, que j'en arrivai à me demander si je ne devais pas abandonner comme chimériques tous les espoirs d'amélioration dont je m'étais bercé, et s'il me fallait accepter comme un décret du sort la situation à jamais déplorable qui nous est faite.

Une fois engagé dans ce cercle d'idées, le désir de sauver une espérance du naufrage vint me fournir cette réflexion : qu'un homme de principe doit rechercher le bien, même dans un principe opposé au sien.

Depuis fort longtemps j'étais, par mes travaux, en contact avec des hommes dévoués au *principe héréditaire*, et très-souvent j'avais eu l'occasion de rendre justice aux idées *avancées* que je les entendais émettre devant moi.

Le *Drapeau National*, dont **M. A.** Johanet était le rédacteur en chef, avait été fondé, quelques jours après la tentative du 15 mai, comme un des gages du concours que les légitimistes voulaient sincèrement prêter au principe républicain, dans l'intérêt de l'ordre et du pays. Ce journal rendait des services en combattant les mauvaises doctrines, en repoussant les odieuses attaques dont la garde nationale était l'objet et en entretenant en province, comme à Paris, le zèle courageux dont elle a donné tant de preuves aux jours de dangers.

On m'offrit de participer, dans la mesure de mes faibles moyens, à la rédaction de cette feuille qui, rédigée par des hommes de principe, de désintéressement et d'un dévouement éprouvé, avait pour mission spéciale l'*amélioration du sort des populations laborieuses et souffrantes*. J'acceptai avec empressement une offre qui, tout en me facilitant l'appréciation d'hommes que j'entendais calomnier de tous côtés, me permettait de servir la cause des ouvriers, qui est la mienne.

Je dois, pour rendre hommage à la vérité, déclarer ici que, loin d'être des rétrogrades et des absolutistes, ces hommes auxquels nous devons le suffrage universel ne diffèrent des *vrais républicains* que pour la forme, et qu'ils sont au fond plus jaloux de nos libertés que ceux qui, tout en les confisquant à leur profit, prétendent être nos amis et nos défenseurs.

C'est en étudiant le langage et le caractère des légitimistes, que j'assistai à ces douloureuses épreuves qu'il plut aux républicains de faire subir à la France. J'apprenais chaque jour à estimer des hommes qui mettaient tout leur espoir dans le *droit*, et je me voyais forcé à mépriser ceux qui, au lieu de coopérer à la rédemption sociale de leurs frères malheureux, préféraient se faire un marche-pied de leurs misères pour se hisser, eux, les apôtres de l'insurrection armée, à ce premier rang que du bas de l'échelle où ils étaient retombés, ils convoitaient avec une ardeur féroce.

Ces hommes, nous mesurant à leur taille et se méprenant sur le caractère des ouvriers, qu'ils prétendent connaître, crurent flatter les mauvaises passions qu'ils leur supposent en calomniant à plaisir un homme, un Français, que ses malheurs, son exil, et surtout sa soumission aux lois de son pays, désignaient à leurs respects, M. le comte de Chambord...

En cela, ils nous firent une grave injure. Qui leur donnait le droit de nous associer à leurs basses insultes, à leurs méfiances haineuses, à leurs préventions, à leurs craintes ?... Rien !... si ce n'est la trop grande naïveté avec laquelle nous avions accueilli leurs protestations de dévouement et la bonne foi, avec laquelle nous avions cru à leur patriotisme, à leur franchise, à leur désintéressement... La punition était cruelle et peut-être méritée. Quoi qu'il en soit, c'est alors que commencèrent ces attaques de la *presse rouge* contre un prince qui, fidèle à sa devise : « Tout pour la France et par la France, » avait, en évitant de se poser en prétendant, épargné à cette France qu'il aime plus que tout au monde, les horreurs de la guerre civile et montré, par son abstention, plus de véritable patriotisme, que ceux qui l'attaquaient ne montraient contre lui de haineuse envie... Que l'on juge....

Les calomnies dont M. le comte de Chambord était l'objet ne m'inspiraient qu'un profond dégoût et le désir de voir par mes yeux celui dont la noble conduite soulevait mon admiration. Dans ces dispositions, je m'éloignai peu à peu de ces hommes qui, lui prêtant leurs mauvais instincts, faisaient de lui un instrument de despotisme, incapable d'inspirer d'autre sentiment qu'une vive répulsion !

A ce désir de connaître la vérité sur un jeune prince, dont le destin peut influer sur l'avenir de la France, se joignait en moi le secret espoir de trouver en lui l'homme capable de comprendre les institutions bienfaisantes dont le peuple a besoin pour jouir sans danger du bienfait de la liberté.

Ce désir se réveilla plus vif que jamais quand j'appris que M. le comte de Chambord, allant rejoindre sa femme aux eaux d'Ems, se trouverait assez près de la France pour que je pusse satisfaire mon avide curiosité en faisant un voyage peu coûteux.

Il est si bon pour un cœur français de dire la vérité, que la pensée d'éclairer mes amis sur un homme dont l'importance s'accroît tous les jours, acheva de me décider.

J'arrivai donc à Ems. Dès mon entrée dans cette charmante ville, je crus être transporté sur un de nos boulevards les plus fréquentés, tant la foule de Français y était compacte, animée, joyeuse.

L'examen de ces visages heureux aurait suffi pour me démontrer le néant des impostures grossières dont le prince était l'objet, alors même que leur exagération haineuse ne m'aurait pas prémuni contre elles.

Mon premier soin, en arrivant avec mes amis, fut de me présenter chez M. Barande qui, chargé de recevoir les arrivans, voulut bien, avec cette politesse du vrai mérite (c'est un ancien élève de l'Ecole polytechnique) inscrire nos noms parmi ceux des visiteurs qui devaient être admis à la réception du soir. De là nous fûmes chez M. le duc de Lévis, qui fut pour nous d'une gracieuseté pleine de noblesse, et voulut bien se charger de nous présenter au prince.

Avec quelle impatience j'attendais ce moment ! Comme mon cœur battait en songeant que j'allais me trouver en présence de l'héritier de tant de rois, qu'un exil de vingt ans réduisait à me porter envie à moi, humble ouvrier, mais qui arrivais de la France et devais bientôt y retourner...

J'allais donc le voir cet *idiot* ! ce *goîtreux* ! cet *imbécile* de Frohsdorff !!! comme disait récemment encore le journal le *Républicain de Rouen*.

Ce moment arriva, et je me trouvai en face de celui dont l'image trouble si fort le sommeil de nos *Brutus*...

Ma foi, je l'avoue franchement, à la vue de ce visage si franc, si ouvert, aux traits si purs et si charmans, de cette vigoureuse santé, de cette dignité naturelle, je me sentis subitement pris de regret d'avoir pu taxer d'exagération le portrait que m'avaient fait de lui plusieurs de ses amiés dévoués. Quand il me parla, ce fut un regret plus amer que souleva en moi sa parole si bienveillante : celui de ne pas le voir entouré par tous ceux de mes camarades dont la calomnie avait pu égarer l'esprit et le jugement.

J'eus aussi l'honneur de saluer Mme la comtesse de Chambord, qui ne cessa pendant toute la soirée de prodiguer à tous les invités les trésors de son amabilité toute française.

Le bonheur que j'avais éprouvé pendant cette présentation, ne pouvait me faire oublier le principal mobile de mon voyage, et de concert avec un de mes amis, M. Manoury, légitimiste ardent et dévoué, mais profondément pénétré des impérieux besoins des classes ouvrières, je demandai une entrevue particulière avec M. le comte de Chambord, entrevue qui nous fut gracieusement accordée.

Lui soumettre la triste situation des prolétaires, la nécessité de certaines institutions et l'utilité de certaines réformes, l'éclairer enfin, s'il ne l'était pas suffisamment, sur les besoins et les misères des populations pauvres, et faire passer dans son cœur cette conviction que, dans la nouvelle situation faite aux masses par le suffrage universel, il n'y a de gouvernement possible que celui qui prendra pour base le soulagement et la moralisation des travailleurs, c'est-à-dire de la majorité de la nation.... voilà quels étaient les impérieux motifs qui nous avaient fait désirer cette entrevue.

M. le comte de Chambord nous reçut avec cet empressement cordial qu'il n'avait cessé de nous témoigner depuis notre arrivée, et nous invita à lui faire part des idées que nous venions lui soumettre.

« Depuis dix-neuf ans, lui dîmes-nous, vous êtes trop
» éloigné de la France pour qu'en dépit du soin que
» vous prenez d'arriver à la connaissance de ses vœux
» et de ses besoins, la vérité tout entière soit venue
» jusqu'à vous. Cette vérité la voici :

» Bercés par de vaines promesses, ceux qui souffrent
» attendent en vain des améliorations à leur sort, et cette
» longue attente n'est pas sans dangers. Déjà plusieurs
» fois des misères sans secours et des espoirs trompés ont
» livré aux captations d'hommes pervers les masses dé-
» laissées qui sont devenues dans leurs mains de redouta-
» bles instrumens; à trois époques différentes ces mas-
» ses égarées ont sapé la société jusque dans ses fonde-
» mens.

»Il serait temps, plus que temps peut-être, qu'on arrachât
» la société aux périls qui la menacent, en faisant pour le
» pauvre et pour l'ouvrier tout ce que l'humanité, d'ac-
» cord avec la prudence, nous semble exiger.»

« Je suis trop profondément affligé, répondit M. le
» comte de Chambord, des souffrances qui accablent les
» populations laborieuses pour ne pas comprendre la né-
» cessité de tous les sacrifices et de toutes les améliora-
» tions qu'exige leur situation, et je voudrais qu'il me
» fût donné de les accomplir; mais vous devez compren-
» dre, mes amis, qu'il y a trop d'intéressés à dénaturer
» les intentions du *prince*, pour que l'*homme* puisse,
» sans imprudence, se livrer sans réserve aux impulsions
» de son cœur. »

Et, sur son beau visage se lisait, en traits douloureux,
le chagrin qu'il éprouvait de ne pouvoir livrer son cœur
aux inspirations de son âme, sans qu'on empoisonnât
cette jouissance en lui attribuant un intérêt personnel.

Le mot de *prudence*, dont je ne saisis point d'abord le
véritable sens, me fit répondre assez vivement au prince :

«Je conçois la prudence en *matière politique*, mais j'a-
» voue que je ne la comprends nullement en *matière*
» *d'humanité*, car si dans le premier cas elle est com-
» mandée par la *raison d'état*, cette considération ne peut
» s'appliquer au second, puisque la prudence, lorsqu'il
» s'agit d'obéir aux lois de l'humanité, peut se traduire
» par indifférence. »

« Je regrette, répondit M. le comte de Chambord, que
» vous vous soyez mépris sur la signification que je don-
» nais à un mot de *prudence* qui ne pouvait s'appliquer
» qu'à la politique.»

lors, repris-je, il serait bon, pour éviter les méprises,
» que vous expliquassiez à vos amis la portée que vous
» entend ez donner à ce mot, et je dois vous le dire, il

» faut qu'ils l'aient pris dans son mauvais sens, car beau-
» coup d'entre eux ont pris texte de ce mot pour se ren-
» fermer dans une réserve que les mal-intentionnés pour-
» raient traduire par mauvais-vouloir, vis-à-vis des souf-
» frances qui depuis dix-huit mois surtout accablent les
» malheureux ouvriers. »

Puis j'ajoutai :

« Dévoué corps et âme au bien-être des classes labo-
» rieuses, un ingénieur, M. Chabert, avait conçu une
» des plus belles pensées qui aient honoré l'humanité :
» il voulait, désireux de les arracher à ces taudis infects
» où s'étiolent leur vigueur et leur santé, procurer aux
» ouvriers, moyennant un prix de location inférieur à
» celui qu'ils paient d'ordinaire, des logemens sains et
» aérés, avantage auquel il joignait des soins hygiéni-
» ques dont, jusqu'ici, ils ont été complétement privés.

» M. Chabert s'empressa d'offrir à des personnes ap-
» partenant à l'opinion légitimiste, de coopérer à une œu-
» vre dont il résultait : bien-être, économie, moralisation
» pour ceux dont la misère était une honte et un péril
» pour la société.

» Eh bien ! il est douloureux de l'avouer, mais la pru-
» dence les empêcha d'agréer ses offres, et cette belle
» œuvre allait se fonder en dehors de l'opinion dont tous
» les efforts devraient tendre à l'extinction de la misère
» et à la moralisation des masses, lorsque plusieurs hom-
» mes de cette opinion, entre autres M. le marquis d'Es-
» pinay-Saint-Luc et M. A. Johanet, se déterminèrent
» enfin en faveur de cette œuvre, et nous donnèrent l'es-
» poir que leur exemple serait suivi... »

M. le comte de Chambord fut vivement affecté en entendant ces mots, et il nous dit :

« Rester indifférent devant les profondes souffrances
» des populations françaises, est non seulement un crime
» envers l'humanité, mais aussi un crime envers moi ;
» car cela peut faire croire à une résolution systématique
» d'aggraver la situation pour la faire tourner au profit
» de ma cause et, le cas échéant, on ne manquerait pas de
» faire remonter jusqu'à moi la raison de ce parti-pris.

» Si la France, continua-t-il, — et son visage s'illumi-
» na d'une résolution à la fois douce et triste, — si la
» France me croit inutile à son bonheur, quoi qu'il puis-
» se m'en coûter, je me soumettrai à son arrêt ; mais ja-

» mais je n'achèterai mon retour dans ma patrie au prix
» du sang ou des larmes de mes chers compatriotes. »

Puis, nous serrant à tous la main avec une énergique
expression :

« Quand vous serez de retour dans cette France que je
» voudrais tant revoir, soyez auprès de vos amis, de ces
» bons ouvriers que j'aime et que je plains, les interprè-
» tes des sentimens dont je suis animé ; dites-leur com-
» bien je fais de vœux pour leur bonheur, et que mon
» plus vif désir serait d'être un jour à même d'y contri-
» buer. »

Si toute la France avait pu voir en ce moment **M.** le
comte de Chambord, de quelles acclamations n'eût-il pas
été l'objet !...

A dater de cette entrevue, je me promis de combattre
de toutes mes forces, à mon retour en France, les odieux
outrages et les calomnies que propage une haine systématique, et c'est pour obéir à cette promesse que j'ai vou-
lu prendre ceux dont je partage les travaux, les fatigues,
les privations pour confidens de ma conduite et de mes
impressions.

Mais, que les hommes qui se disent les amis dévoués
du noble exilé le sachent bien, ce n'est qu'en s'associant
à des œuvres telles que les *cités ouvrières*, à l'œuvre des
établissemens de Saint-Nicolas pour l'éducation morale
et professionnelle des enfans pauvres, et en prenant l'ini-
tiative de toutes celles qui pourront améliorer le sort du
peuple, qu'ils pourront se croire associés à la pensée du
digne représentant de leur principe, et qu'ils lui concilie-
ront notre respect, nos vœux, notre affection ; à nous ru-
des, mais franches natures qui, pour un peu de bien,
rendons beaucoup de reconnaissance.

Je sais que la charité personnelle de la plupart de ces
hommes est incontestable ; mais satisfaisante pour la conscience, elle ne l'est pas aux yeux du public. Il faut, dans
les temps où nous sommes, que la charité soit sociale et
politique, pour obtenir des résultats en rapport avec les
maux qu'elle est appelée à soulager.

Les bonnes actions ne doivent plus se cacher, car la
calomnie est intéressée à les nier ou à les dénaturer.

La modestie serait donc un mauvais calcul ; car il est
nécessaire, dans l'intérêt de l'ordre, que l'on sache d'où
vient le bien, afin de l'opposer aux perturbateurs et de

les contraindre à respecter tout ce qu'ils voudraient briser.

Je cite un fait. L'établissement de Saint-Nicolas, de Mgr de Bervanger, a deux cents places vacantes par suite de la détresse des parens. Eh bien ! qu'au lieu de faire de la charitée privée, bonne pour les temps ordinaires, on se réunisse de manière à y faire entrer deux cents enfans pauvres ; voilà deux cents hommes, et même deux cents familles, engagés par la reconnaissance envers ceux qui les auront placés dans cette institution, jadis fondée par M. le comte de Chambord ! Voilà deux cents individus, bien élevés, dévoués aux principes de la religion, de la famille et de la propriété ! N'est-ce pas parmi les anciens élèves de Saint-Nicolas qu'on a trouvé les plus courageux soldats de l'ordre en juin 1848 ? Comment néglige-t-on de si légitimes moyens d'influence ?

Mais revenons à Ems, dont je me suis écarté trop longtemps.

Lors de la touchante réception qu'on nous fit, M. Jeanne fût l'objet de beaucoup de bienveillance, et c'était justice, car, tandis qu'on faisait circuler de toute part, dans les lieux publics et dans les ateliers, de petits livres gros de mensonges et de saletés, afin de démoraliser la classe ouvrière, il distribuait, souvent gratis, le contre-poison sous toutes les formes, et luttait contre les procès, contre les émeutes ; il rétablissait la vérité, que tant d'intérêts concouraient à déguiser et à fausser.

Avec quel plaisir M. et Mme la comtesse de Chambord reçurent les dons qu'on leur apportait de France, et quelle satisfaction leur causa l'aspect d'une fleur détachée pour eux de la patrie absente. Comme ils admirèrent les produits de notre industrie, et comme ils paraissaient fiers de nos progrès dans tous les genres. La dernière entrevue qu'ils nous accordèrent eût été plus longue, si l'attendrissement que le prince éprouvait en écoutant nos vœux ne l'eût forcé de l'abréger. Ses souvenirs devenaient trop puissans, son émotion trop forte ; il nous quitta pour aller épancher dans le sein d'un ami (M. de La Rochejaquelein), les larmes que la joie lui arrachait.

Les ouvriers qui avaient fait le pélerinage d'Ems ne se lassaient pas de redire, en revenant, les mots affectueux dont ils faisaient provision.

Eau bénite de cour ! diront nos farouches tribuns. Tant que vous voudrez, *citoyens*, mais si vous voulez garder intact le triple airain qui enveloppe votre cœur, n'allez pas à Ems, car je puis vous assurer qu'il fondrait sous ce regard si loyal et si royal, et qu'il savourerait délicieusement cette *eau bénite de cour*, dont votre républicanisme semble faire tant de dédain !

Allez à Ems *citoyens*, et votre trajet de retour ne vous semblera pas assez long pour les nombreux *meâ culpâ* que vous imposera votre conscience... Allez à Ems, et vous souhaiterez à la locomotive qui vous ramènera la vitesse de la pensée, tant il vous tardera de redire à vos amis les indéfinissables expressions dont votre cœur sera rempli.

Et cette lettre, écrite aux ouvriers pour les remercier de leur bonne visite, est-ce là de *l'eau bénite de cour ?* Cent fois non ! car si une plume l'a tracée, c'est un cœur qui l'a écrite, et quel cœur !...

« C'est avec l'émotion la plus vive que j'ai reçu l'hom-
» mage qui m'a été offert par des ouvriers de tous les
» états de la ville de Paris. J'ai été profondément touché
» de voir leurs délégués venir me trouver sur la terre é-
» trangère, et je les charge d'être auprès de leurs cama-
» rades les interprètes de ma gratitude et de mon affec-
» tion. Apprendre que mon nom est prononcé avec sym-
» pathie dans mon pays, dans ma ville natale, c'est la
» plus douce consolation que je puisse recevoir dans
» l'exil.

» En parcourant les listes nombreuses qui m'ont été
» apportées, j'ai été heureux et fier de compter tant d'a-
» mis dans les classes laborieuses. Etudiant sans cesse
» les moyens de leur être utile, je connais leurs besoins,
» leurs souffrances, et mon regret le plus grand est que
» mon éloignement de la patrie me prive du bonheur de
» leur venir en aide et d'améliorer leur sort. Mais un
» jour viendra, c'est mon espoir le plus cher, un jour
» viendra où il me sera donné de servir la France et de
» mériter son amour et sa confiance.

» HENRI.

» Ems, le 25 août 1849. »

J'ai entendu un des visiteurs exprimer cette pensée : « Les yeux sont le miroir de l'âme. » Quelle belle âme doit avoir le petit-fils de Henri IV !

A une des soirées auxquelles j'assistai, Mme Bayart, nourrice du comte de Chambord, accompagnée de son fils, M. Henri Bayart, filleul du prince et de Mme Auguste Johanet, sa fille, lui furent présentés. A la vue de Mme Bayart dont la vie et celle de son mari, n'ont été qu'une longue suite de services rendus à la cause monarchique, il exprima d'une manière toute filiale le bonheur qu'il ressentait : « Je comptais sur votre visite, lui dit-il, » et je vous en remercie, car vous le savez, après ma » mère vous êtes ma plus vieille connaissance. »

Nous, enfans du peuple, nous apprécions vivement les qualités de l'âme, et nous avons retrouvé là celle de Henri IV, qui voulait pour chaque famille du peuple la *poule au pot.*

Un des visiteurs lui parlait du peu de décision que lui attribuait M. Charles Didier. « Ceux qui me jugent ainsi, » me connaissent bien mal, dit-il, s'ils savaient lire dans » mon âme, ils verraient de quelle énergie j'ai besoin » pour modérer une fougue qui n'est retenue que par » mon respect pour le vœu national.

Quel esprit vraiment français, quel véritable dévouement dans ces paroles : « Surtout, pas de conspirations, » de guerre civile, de sang versé. Se servir de voies ténébreuses ou violentes, serait ternir la pureté du principe » que nous représentons ! »

Quelle abnégation dans ces quelques mots aux représentans à Ems : « Songez, messieurs, que la France a » droit aux services de tous ses enfans, et que, soit République, soit Monarchie, elle doit pouvoir compter sur » sur vous. Ne pas la servir serait ne pas m'aimer. »

Tenant beaucoup à connaître le jugement que portait sur M. le comte de Chambord un homme dont on n'a jamais mis en doute la franchise et la loyauté, M. de La Rochejaquelein, j'allai, le matin de mon départ, lui faire une visite, et je l'interrogeai sur l'impression produite sur lui par le prince : — « Depuis plusieurs jours, me répondit-il, j'ai eu de fréquentes entrevues avec M. le » comte de Chambord. Nous avons abordé une foule de » questions touchant aux sciences, à la politique, à l'industrie, au commerce, et dans tous ces entretiens j'ai » acquis la ferme conviction qu'il est l'homme le plus » complet que j'aie jamais rencontré. »

Telle fut la réponse du loyal représentant du Morbihan, de cet homme si dévoué aux intérêts populaires.

Au physique, M. le comte de Chambord est d'une taille de 5 pieds 3 pouces et demi environ. Sa tête se meut fort à l'aise sur un col parfaitement dégagé et surtout parfaitement vierge du fameux *goître*. Le torse est long et vigoureusement bâti. Le corps est fort sans obésité. Joignez à cela une démarche pleine de noblesse et d'aisance, à laquelle les suites de son terrible accident ont un peu nui. Le prince boîte un peu au salon ; mais à la promenade ce malheur est peu apparent. Du reste, il est très-bon piéton et fait de très-longues courses sans se fatiguer. Il monte à cheval avec perfection et grande hardiesse. Il a toute l'attitude d'un commandant auquel on aime à obéir. Sa physionomie, des plus séduisantes, est constamment animée par la franchise qui semble le fond de son caractère On pourra reproduire ses traits, mais la physionomie qui les anime et les éclaire est trop merveilleusement exceptionnelle pour être complétement saisie par le crayon ou le pinceau les plus habiles.

Enfin, pour résumer les impressions diverses qu'il produisit, j'ajouterai « qu'il est impossible de dire toute » la vérité sur M. le comte de Chambord sans être taxé » d'exagération. »

Voilà celui qui n'a pu trouver grâce devant certains hommes ses compatriotes ! Voilà le prince dont la résignation, pendant dix-neuf années de malheur et d'exil immérités, n'a pas désarmé la calomnie... Cela se conçoit ; ce n'est assurément pas l'homme qu'on veut atteindre, c'est le principe.

La dernière soirée du séjour de M. et Mme la comtesse de Chambord à Ems fut consacrée à la bienfaisance. La célèbre cantatrice allemande, Mlle Jenny Lynd donnait un concert au profit des pauvres, et les nobles époux, ainsi que tous les Français qui se trouvaient à Ems, s'étaient fait un devoir de répondre à son appel. Aussi, jamais soirée musicale ne fut plus brillante et les applaudissemens plus unanimes.

A plusieurs reprises, la royauté du chant fit hommage à la royauté de l'exil des applaudissemens unanimes qu'elle recueillait, et le dernier des Bourbons de la branche aînée put retrouver dans cette soirée un des plus beaux fleurons de leur couronne, la reconnaissance de l'artiste répondant à une bienveillante protection.

Les grands personnages étaient fort nombreux à cette soirée, où des toilettes magnifiques resplendissaient de toutes parts. « C'est très-beau, dit M. le comte de Cham-

» bord, d'une voix émue, mais ce serait encore plus beau
» en France ! » En ce moment, je me rappelai la chan-
son de *M. Crédit*, un des noms que lui a donné M. Théo-
dore Muret, un de ses auteurs aimés, et je me retirai en
fredonnant ces vers :

> Lorsque le salon brille,
> Tant mieux pour l'atelier.

Le matin de ce jour, M. le comte de Chambord avait
entendu, en compagnie de tous les Français, une messe,
dite en l'honneur de St-Louis, et certes sa piété simple
et son respect pour la sainteté du lieu n'avaient rien de
l'affectation, du cagotisme dont ses détracteurs ont jugé
convenable de l'affubler.

Après six jours d'une vie passée dans des rapports que
j'oserais dire intimes avec le royal exilé, tant sa bonté
m'avait rapproché de lui, il fallut bien songer à retourner en France.

Ce fut avec un douloureux serrement de cœur que nous
prîmes congé de M. le comte de Chambord, mais chacun
emportait la conviction que, si le vaisseau de la France,
trop longtemps ballotté sur la mer orageuse des révolu-
tions, demandait jamais un pilote, nulle part elle ne
trouverait un bras plus ferme, un coup d'œil plus sûr, un
esprit plus loyal et un cœur plus dévoué.

Ce qui nous consolait, d'ailleurs, c'est que nous sa-
vions enfin la vérité et que nous la dirions.

www.ingramcontent.com/pod-product-compliance
Lightning Source LLC
Chambersburg PA
CBHW061815060726
47597CB00008B/3200